JN438423

며느리밥풀꽃

이완순 시집

오늘의문학사

며느리밥풀꽃

▪ 시집을 내며

보여 지는 삶의 무게에 눌려
아픔 같은 그리움조차 화려한 사치였다
털을 고르는 고양이처럼
날마다 맵시에 정성을 쏟고,
공허한 미소를 날리며
때로는 공수표 같은 허세도 부렸다.
죽은 시간 뒤에 숨어
보여 지는 것을 위해 내 안의 나를 죽였다.

그러다가, 우연히 시를 만나게 되었고,
시인이라는 호사스런 이름을 얻었다.
그리고 이순의 고개에서 당돌하게 시집을 냈다.

부끄럽다.
시다운 시가 되지 못하고 난삽하게 춤추는 언어들
꽃을 꽃으로 보지 못해 이념만 깃발처럼 나부낀다.

허상만 좇는 신기루 같은 사내 믿고 30여년 살며,
작가의 길을 권한 아내에게 속죄하는 마음과 함께
이 시집을 헌정한다.

차례

1부 풀꽃이 그리는 세상

2부 산수화

3부 아버지! 아아, 아버지

4부 겨울, 그리고 봄을 기다리며

5부 사랑이라고 쓴 슬픔

1부

풀꽃이 그리는 세상

며느리밥풀꽃

— 들꽃 이야기 첫째 마당

산등성이 외진 곳 숨어서 피는
샐비어보다 더 붉고 여린
며느리밥풀꽃을 보셨나요

죽어서도 한이 너무 많이 남아
삼키지 못한 쌀 두 낱 혀 위에 놓고
서럽게 흐느끼는 여인을 보셨나요.

뱃속에는 애기가 자라고
밤마다 서방님은 칭얼대고
텃밭에 김은 매기 바쁘게 깃고

보리방아 혼자 찧어
열 식구 조석준비에 배고파
배가 너무 고파
쌀 씻다 무심코 집어 먹은 쌀
시어미 불호령에 질겁하여 죽은
열여섯 살 어린 각시의 구천을 떠돌던 넋,
며느리밥풀꽃을 보셨나요.
그 한 많은 며느리의 삶을 보셨나요.

도꼬마리

— 들꽃 이야기 둘째 마당

기름진 땅 농경지 마다하고
하천 변 모래자갈 뒤섞인 둔치
갈대조차 꺼리는 땅에 뿌리 내리고
도깨비처럼 뿔난 씨앗 들짐승 몸에 부쳐
이리저리 자손 전파하는 너는 타고난 서민

80년, 그 무덥던 여름
노동운동이란 죄 아닌 죄 짓고
대구 유배생활 서럽기만 한데
딸 아이 겨우 세 살
머리에 덕지덕지 종기가 앉고
가렵다고 우는 아이 달랠 길 없어
막소주 들이키고 가슴을 칠 때
이웃 할머니가 너를 안고 왔다

한 아름 무쇠 솥에 넣고
흰 식정 남짓 삶은 물에
단 두 번 머리 감겼는데
거짓말처럼 딸 아이 말끔해졌다

너는 나의 영원한 동지
민초의 삶에 녹아들어
아픈 절망은 나누어 들고
기쁜 소망은 함께 키웠다

할미꽃

— 풀꽃이야기 셋째마당

할미라고 부른들 뉘를 탓하랴
성깃한 가는 백발 굽어진 허리
가신 님 시묘인가 무덤 가 피어
그립고 서러워서 고갤 못 드네.

봄 동산 아침 이슬 진주 목걸이
연초록 여린 목에 숨기듯 걸고
촉촉이 젖은 입술 살가운 향기
망문과부 한 깊어 고이 여미네.

성그레 고운 미소 슬픈 춤사위
이운 봄 저문 볕에 가슴 적시고
먼 하늘 님 계신 곳 날아가고파
소슬한 봄바람에 몸을 맡기네.

벚꽃

— 풀꽃이야기 넷째마당

아름다운 종말이 어디 흔하랴
요염하게 피어 도도한 꽃도
지면 그뿐 흙바람에 뒹군다.

남은 열정 모두 태워
까치놀로 타오르는 석양도
누가 아름다운 종말이라 말하랴

망종길을 가듯
다소곳이 봄볕을 타고 내려
망문과부처럼 처연히 눕는 꽃이여

안으로 슬픔을 여미며
화려하게 피고 우아하게 지니
누가 감히 네 아름다움에 견주랴

자귀나무

— 풀꽃이야기 다섯째마당

누이의 연지솔을 훔쳐
옥색 저고리에 달고
소슬한 바람의 유혹마저 고까워
칠팔월 불볕에 맨 얼굴을 내민다

한 올 한 올
얽고 얽히는 삶
살면서 못다 푼 애증
행여 죽어서인들 맺히랴

갈래갈래 찢긴 잎으로
햇살 한줌 움켜쥐고
산비탈 외진 길섶에 서서
소쩍새 더불어 이지렁스럽게 운다.

능소화

— 풀꽃이야기 여섯째 마당

임의 예리성인가
밤새 애태우다
이슬아침에 담을 넘는
바람 같은 사랑

한번만,
단 한번만이라도
나를 찾아 주세요.
나를 찾아 주세요.

애오라지 그윽한 눈빛으로
안으로 가슴 다독이며
임금의 회심을 빌고 또 비는
열여섯 살 어린 궁녀의 恨

벽 같은 삶, 삶 같은 벽
이승에서는 풀지 못할 매듭
갈마바람에 恨을 띄우고 흐느끼는
아아, 지고지순한 사랑이여

군자란

생일선물로 군자란이 왔다
화려하나 속되지 않은
맑은 주황색 꽃잎이 새침하다

창 넘어 쏟아지는 봄볕에
투명한 속살을 드러내놓고
배시시 웃고 있는 꽃

누가 군자라 했느냐
선비의 꼿꼿한 말갈 보다
음전한 규수의 미소가 아니냐.

정념에 눈 감은 청상으로
사내의 허튼 망상 주저앉히며
그렇게 끼끗한 삶을 살다 가라

소나무

— 병풍바위 위에서 자라는 나무

바위를 녹여
뿌리 내릴 터전 만들고
눈비 자양으로
흙바람 빌어 태어난 생명
달빛 별빛 사랑 있어
이 만큼이나 컸구나.

삼복한천 악귀 같은 갈증
가슴 아린 배고픔 어찌 견디었느냐
신선이 따로 없구나.
가난하지만 전혀 추하지 않은
북풍한설 그 모진 추위 견디어낼 때도
네 모습은 여전히 아름다웠다

그래, 그렇게
세상에 눈 감아라
제 한 목숨 부지하려고
모질게 떨어내는 가을
어린 것이 의연하기도 하다
사랑한다, 아가야

아부틸론

집집마다
초롱불 곧추들고
어른 아이 열 지어
두리번두리번

아이들은
작은 불빛 작은 초롱
어른들은
노란 레이스 붉은 초롱

바람 한 점
건듯 부니
기다린 임 기척인가
이리 기웃 저리 기웃

여름 끝자락
초롱에 불 밝혀
龍華 세상 펼칠
미륵 환생 기다리나

2부

산수화

물안개

강은 산을 따라 흐르다
크고 작은 마을 이루어
사랑 나누어 주고
넓은 벌을 만나면
산그늘에 오두마니 앉아
운명처럼 하늘을 받아들인다.

구름이 흘러들면
구름을 안고
바람이 오면
말없이 바람 품는다

고개 넘어 해가 지면
강은 홀로 남아
아침 해 다시 올 때까지
하늘이 그리워 물안개를 만들고
하늘 맞닿도록 키워
마침내 하늘과 한 몸을 이룬다.

별

새벽녘
무심코 하늘을 올려다보니
지붕 위에
큼지막한 샛별 하나

엄마의 무릎을 베고 누워서
누이랑 함께 헤던 별

여름이면
자발스런 먹구름 틈새로
스멀스멀 기어 나오던 별

귀여운 것으로 골라
두세 개 따다
머리맡에 두면
밤새 재재거리다가
여명이 오기 무섭게
꽁지 빠지게 달아나던 별

아아
그 많은 별은 다 어디 갔나.

봄나들이

비릿한 봄기운
굳은 가슴 간질이고
사나흘 곰살궂게 샛바람 불어
개여울도 흥겨워서 덩싯거린다.

데설궂은 오리 가족
제 세상인양 물장구치고
곁잠 든 버들강아지
부스스한 맵시가 한껏 수줍다

산마루 야윈 잔설 마파람에 녹아
아침이면 안개비로 내리고
양지바른 산 어름에는
진달래 산수유 봄을 키운다.

아롱다롱 아지랑이 봄볕에 타면
조각난 그리움도 힘에 겨워서
이순 고갯길을 절룩거리며
한사코 손사래로 봄을 쫓는다.

고향 2

진달래 치레로 화사한 남산에
봄비가 내리면
각시바위 어름에는
꿈같은 실개천이 흐른다.

도란도란 흐르는 개울에 입을 대고
색동옷처럼 펼쳐진 논과 밭
축성 산에서 분기한 용맥
남으로 흘러 북덕산을 짓고
다시 더 남하하다 맺은 남산
각시바위 언저리에 이십여호 모여
옹기종기 삼백년을 살았다

삼대를 머슴으로 산 삼식이 막내아들
고생고생 대학 졸업하여 판사 되고
서른에 청상이 된 목포댁 딸
인물값 하느라 연애질로 날 새더니
방앗간 집 막내와 밤기차를 탔다.

아름답지 않은 고향 어디 있고

그립지 않은 고향 어디 있으랴만
내 고향 九谷里에는
언제나 따뜻한 情이 굴러다닌다.

강 1

하늘이 그리워
혼자 있는 밤이 싫어
울다가 꺼내든 것은 비움

至難한 발자취를 지우고
갈 길 먼 소망도 비우고
사랑했던 것조차 잊으리라.

몸부림칠수록 점점 더
깊은 그리움에 빠지는
사랑이란 신기루

물을 퍼 올려
물안개로 벽을 쌓고
주섬주섬 추억의 편린을 모아
강은 밤마다 편집증을 앓는다.

곡선

떠오르는 해를 보며 알았다
멀리서 바라보면
모두 둥글다는 것을

여인의 가슴을 보며 느꼈다
곡선이 직선보다
훨씬 아름답다는 것을

곡선은 神이 짓고
인간은 직선을 만든다.

떠오르는 해를 보라
날카로운 불꽃
무수히 품었으면서도
멀리 떨어져 있기에 아름답다.

그 해 여름

— 조난

짜면 까만 물을 토해낼 것 같은
칙칙한 어둠 속에서
밤새 바람이 울었다.
하늘이 찢기고
어둠을 쪼게 그 틈새를 비집고
스멀스멀 기어 나오는 공포
더러는 거친 그녀의 숨소리에 묻히고
살을 에는 푸른 섬광이 거칠게 겁박했다.

허공을 움켜쥔 피 묻은 손
비수를 꺼내 심장에 꽂고
칼춤을 추듯 허우적거렸다.
생명에 대한 집착이 일으키는 발작은
오히려 천둥보다 더 두렵고 무서웠다.

산은 공포의 대상을 넘어
생명을 넘보는 저승사자로
앞을 가로막고 나섰다.
흥정의 대상이 될 수 없는 것을 놓고
야차가 계속해서 싸움을 걸어왔다.

자자들던 숨소리가 다시 격해졌다.
아무 소용이 없는 일인 줄 알면서도
싸늘한 그녀의 목구멍 속으로
펄펄 끓는 더운 기를 불어 넣었다.
사랑을 포기할 수는 없었다.
인연의 끈을 놓을 수는 없었다.

눈물이 흘러 내렸다.
하늘을 향해 삿대질을 하며
욕을 퍼부어도 분이 가시지 않았다.
뇌성벽력이 악귀같이 살점을 물어뜯었다
시간이 흐를수록 분노와 슬픔이
체념과 회한으로 바뀌지고 있었다.
쉬지 않고 비가 내렸다

歸鄕

징을 처라
막을 올려라
날라리를 불어라
춤을 추자

한 바탕 떡 벌어지게 놀다가
툭툭 털고 일어나 가자
어차피 가기로 되어 있는 것
시간의 길고 짧음이 무슨 문제냐

오래 살아 백년인들
우주에 비하면 찰나에 불과한 것
그 작은 한 세상 살자고
모함하고, 배반하고

아수라장 이승을 떠나기 전에
忿心, 貪心 모두 내려놓고
한 판 걸차게 벌려 보자.
풍악을 울려라.

길 3

어디서 와서
어디로 가는지
끝을 모르고 걷는 길
한 발짝 잘못 내디디면
천길 나락으로 떨어지는 길

앞서가는 사람의
뒷모습만 보고 가야 하는
일방통행 외길에서
화려하게 치장한들
죽장망해 홀로 걸어간들
다를 것이 무엇인가

행여 뒷걸음질 하지 말자
뒤돌아 다시 올 수 없을 바엔
옛 일로 눈물짓지도 말자
악연 만들어 괴로워하지도 말자
이 길의 끝 냉혹한 심판자 있어
삶의 궤적 정죄한다 해도
뒤늦게 이 발길을 어찌 하랴

까치놀

저녁 해
놀다 간 자리
너나들이 술잔이 오가
모두들 불카하다.

한 자락
바다에 내려 깔고
하늘까지 커버린 산
한 팔로 뭉게구름 안고
발그레 수줍은 볼 어루만지다가
빨간 혀 내밀어 바다를 핥는다.

아무래도
그냥 가기 섭섭하여
그리움 한 움큼 덜어내
모래밭에 뿌리고
파노와 함께
해변을 서성거린다.

가로등

허허, 왜 잠 못 들고
나를 노려보고 서 있느냐
살을 에는 추위는 아랑곳하지 않고
부스스한 빛을 쏟아내며
홀로 눈을 맞고 있는 너도 참 너다
내 치부를 드러내 비출 듯 덤비는
너의 검은 욕심이 너무 밉구나.

밤은 어둠의 세상이 되도록 내버려둬라
허한 빛으로 시린 달빛 휘어잡으려고
헛발질을 해대는 네 수작이 가소롭다
사랑하는 것도, 사는 것도
내 욕심만으로 되는 것은 없더라.
이 겨울에 누가 네게 등을 기대고
눈보라 속에 사랑 나눌 者 있겠느냐

가을 축제

이삼일
눈물 같은 빗발이 날리더니
어느 새
토실한 가을이 곁에 왔다

빨강, 하양, 분홍
도로에 줄지어 선 코스모스가
환영인파처럼 손을 흔들며
호들갑스럽게 웃는다.

고즈넉한 마을 어귀
웅성거리며 서 있는 감나무마다
푸른빛을 모두 내어준 주황색 감이
꽃처럼 화사하게 웃고 있다.

지친 나만 외우두고
저마다 풍성한 가을을 즐기고 있다
마지막 낙엽이 질 때까지
저들은 저렇게 가을을 즐기리라

가을 비

가을비는
가슴을 갈며 내린다.
시간을 뒤집어
거꾸로 흐르게 한다.

처음부터 잘게 부서져
영혼처럼 헝클어진 빗방울
바람이 불 적마다
하늘이 못내 더 서럽다

아직은 턱없이 이른
푸른 낙엽의 낯선 춤
본능의 벽을 넘지 못해
사랑은 흩날리고.

가을비는
영혼마저 갈며 내린다.
진득한 슬픔을 품고
가슴으로 가슴으로 내린다.

4월의 아침

창밖을 보는 즐거움으로
4월의 아침을 맞는다.

뒤늦은 애증에
버들의 연초록 입술이 새침하다
연분홍 꽃망울 치레로
홍매의 자태가 귀부인처럼 음전하다.

겨우내 칙칙하던 느티나무
봄비로 쌓인 먼지를 떨어내고
산 넘어 힘차게 솟아오른 해를 향해
손을 흔들며 새살거린다.

앙증맞은 딱새 한 마리
노랗게 성장한 산수유 가지에 앉아
소슬한 바람 의지해 그네를 타고
조심스레 내 가슴에도 사랑이 스민다.

業

흐슬부슬
바람에 날린다.
貪心의 무게가 이리도 컸나.
내려놓으니
솜털처럼 가볍다

뚜벅뚜벅 소걸음으로
고통은 악업이려니
기쁨은 선업이려니

자드락거리는 하늘의 편애
자락자락 내 볼 어루만지며
가슴 흔들어 놓는 그리움일랑
그냥 그대로 두고 가자

마지막 육신 벗는 날엔
훌훌 모두 버리고 가자
마음 한 자락도 가져가지 말자
눈물로 짓는 업이 올무가 되어
애욕의 노예로 환생할지 모른다.

여름밤 소묘

어둠을 물고
숲속을 배회하던 바람
고샅으로 내려와
옷깃에 묻은
더위를 떨어내며
새롱새롱 새부랑거린다.

온 종일
염천에 부대낀 풀꽃
하늘의 올무 벗지 못해
새들새들 새무룩하다.

이런 저런 사설을 풀며
재자거리는 새떼
강에 안긴 산은
물안개로 더위를 식히느라
몹시 부산하다

열대야에 속 끓이며
차마 말을 잃은 대지

끝내 시간이 멈춰
밤은 한사코 이울지 못한다.

臥牛里

산적 같은 황소 한 마리가
해질녘 해변에 누워
한가롭게 여름을 즐기고 있다
아랫도리를 반쯤 바닷물에 담그고
큰 파도에 움찔움찔 놀라기도 하지만
목덜미를 타고 흐르는 땀을 연신 훔친다.

너른 벌판에 무성히 자란 풀을
허겁지겁 먹어둔 뒤라
되새김을 할 때 뒤따라 나오는
시큼한 트림에 머리맡 염전이 뿌옇다

늦은 밤 달빛 교교히 내리면
외로워진 황소 앙머구리로 울고
섬은 이런저런 소문에 휩싸인다.

안골 최 부사 집 큰 애기
이웃 손아래 총각의 아이를 갖고
뒷골 새댁은 두고 온 사내 못 잊어
밤마다 부엌에서 숨어 울다가

결국은 동구 밖 느티나무에 목을 맸다

황소 정수리에 조부 유골 모신 김씨네
군수에 동서기 서껀 공무원 즐비하고
총체 같은 꼬리에 부모 묘 쓴 박씨네
재산이 찰 만하면 털어 먹고
또 차는가 싶으면 뒤집어 쏟는다.

허허, 와우의 조화인가
가랑이 밑 우묵한 곳에 배 매어두면
일본열도 쑥대밭 만든 태풍이 지나가도
모든 배 깃대 하나 상하지 않는다.
전생에 쌓은 공덕이 많아
오늘도 시원한 바람 맡에 누워
황소가 그 큰 눈을 스르르 감는다.

臥牛山

산 같은 산도
바다 같은 바다도
모두 부모를 모르고 태어났다.

핏빛 노을 잔치가 끝나자
바다와 하늘은 침묵하고
어둠이 섬을 덮쳤다

바다에 발목이 잡혀
해안선을 따라 길게 누운 채
파도와 어우러져 와우가 운다.

숨도 쉬지 못할 만큼 짙은 해무가
하루 종일 폭염에 시달린 염전을 삼켰다.
살아 있는 것은 안개와 어둠뿐이다.

잣나무

뜰 앞 늙은 잣나무
길게 한숨을 내쉰다.
겨우내 움츠렸던 가슴 펴고
한껏 기지개를 켠다.

지난 봄 둥지를 틀고
아들 딸 곱게 키워 떠난
멧비둘기 가족 다시 오겠지

늦여름 나른한 권태 쫓아준
고마운 매미의 자손을 찾아
따뜻한 수인사라도 나눠야겠다.

네 아비를 꼭 닮았구나
너를 만날 수 있어 너무 좋구나.

이대로 겨울이 가면
첫사랑처럼 풋풋한 봄이 오면
고이 접어 간직한 사랑을 꺼내
차별 없이 모두에게 나누어 주리라

저녁 놀

타오르는 열정 참을 수 없어
끓는 가슴 바다에 묻고
절규하듯 피를 토한다.

소녀 같은 뭉게구름
무서워 돌이질 하지만
거칠 것 없는
사내의 격정이 밉지는 않다

하루 종일
바람만 뛰어놀던 바다
파도와 함께
점점 환락의 늪에 빠진다.

한 세상 마감하며
어찌 애답지 않으랴
몸 안에 남은 피 한 방울까지
저 오욕의 세상에 흩어 뿌리도록
그냥 내버려 두어라

너의 반이라도
너처럼 화려하진 못하더라도
태워, 불꽃으로 날고 싶다
하늘을 날다가
흔적 없이 스러지고 싶다
아! 황혼이여
꿈같은 아름다움이여

초겨울 단상

잎을 모두 내어 주고
앙상한 가지만으로
나무들 비탈에 힘겹게 섰다

눈도 내리지 않는 마른 추위에
거뭇한 속살을 드러낸 채
저마다 깊은 시름에 잠겼다

천지를 아우르던 향기와
뭉클한 녹색의 영화 다 빼앗기고
애처롭게 슬픔을 곱씹고 있다.

아름다운 사랑을 나누었으면서도
서로 다른 자리에 서서
우리는 모두 가슴앓이를 하고 있다.

취한 바다

취한 눈으로
바다를 보니
바다도 취했다

갯내 파도 어우러져
웃음 반절 울음 반절
환호하고 손뼉치고

내 흥대로 살란다.
내 뜻대로 살란다.
용이면 어떻고
미꾸라진들 어떤가.

좋은 것 좋게 보고
싫은 것 싫다 하고
바다처럼 살란다.
파도처럼 살란다.

향수

가을비답지 않게
서너 낱씩 내려오는
발 굵은 빗방울

그리움의 끝, 그 너머로
전설처럼 비는 내리고
바람이 실어다 뿌리는 향수는
돌림병이 되어 여기저기서 흐느낀다.

이 밤도 잠 못 들고
창을 잡아 흔드는 수많은 손
책갈피마다 서걱거리는 눈동자
시간이 멈춘 공간으로 내리는
빗방울을 바라보며
죽음보다 진한 향수에 젖는다.

어릴 적 그 아픈 산야에도
구절초 흐드러지게 피고
바람의 유혹은 있었지
떠나, 셈할 수 없을 만큼

가을이 오갔지만
억새꽃 파도처럼 일렁일 텐데
나는 여기서 움직일 수가 없다.

3부

아버지!
아아, 아버지

和解 1

— 아버지

당신의 영전에
건국훈장을 바칩니다.
독립을 위한 당신의 희생을
마침내 조국이 인정했습니다.

당신이 그렇게 빨리 타계하신 뒤
내가 겪어야 했던 고난과
넝마와 같던 시간을 잊으렵니다.
원망도 내려놓고
처절한 미움도 버리렵니다.

당신의 무능을 이해합니다.
우리의 가난이 당신 탓이 아니라
국가의 무능이었다는 것을 아는데
나는 이리도 많은 세월을 보냈습니다.

사랑하는 아버지
당신과 나 사이에 가로놓여 있던
벽은 이제 완전히 허물어졌습니다.
나는 당신이 자랑스럽습니다.

和解 2

— 어머니

처음부터 나는 당신의 짐이었습니다.
천연두, 그 몹쓸 병에 걸려
눈 잃고 온 몸에 욕창이 번졌을 때
페니실린 한 방울 구하지 못해
당신의 눈물과 쇠비름이 치료약의 전부였습니다.

스물여섯, 늦은 나이에
대학진학을 위해 직장을 사직했을 때에도
당신은 용기를 북돋아 주셨습니다.
혹여 자식이 굶을 까봐
당신 끼니 걸러 마련한 쌀을 들고
학교로 돌아갈 때 눈물을 많이도 흘렸습니다.

당신이 그렇게 빨리 돌아가실 줄 몰랐습니다.
용돈 한번 풍족히 드리지 못했는데,
입은 은혜와 지은 죄를 절반도 갚지 못했는데
당신은 서둘러 아버지께 가셨습니다.

나의 옹졸한 욕심 때문에
가난을 빨리 벗어나고 싶은 조급증에

당신을 편히 한번 모시지 못했습니다.
집 살 계획을 일 년만 늦췄어도
좋은 옷 좋은 음식 효도했을 텐데
나는 언제나 나만 생각하는 욕심쟁이였습니다.

맺힌 한을 풀어 주십시오.
못난 자식 놈을 용서해 주십시오.
이대로 이승을 떠나 저승에 가면
무슨 염치로 아버지를 뵙습니까.
나를 용서하시죠, 어머니!

和解 3

— 아내

잘 참았소.
알맹이는 없고
껍데기뿐인 사내 믿고
용케도 서른 해를 살았소.

힘들고 역겨울 때 많았을 텐데
묵묵히 아내 자리 지킨 당신
우리 가정 이 만큼 키운 공은
모두 당신 것이오.

공명심만 하늘처럼 높아
빛도 없이 공도 없이
신기루만 쫓는 유령 같은 사내
화려한 젊음 다 보내고
초라한 육십령 고개에 서서
뒤늦게 용서를 비는 못난 사내
지난 세월 후회하며 화해를 청하니
눈 감고 내 손을 잡아주시구려
당신을 사랑하오.

和解 4

— 神

당신이 이겼습니다.
당신의 힘을 인정합니다.
당신의 공의를 인정할 수는 없지만
나에게만 가혹했다고 말하진 않겠습니다.

표독스럽고 잔인한 사람에게
부와 명예 모두 안겨주고
우리에게는 혹독한 노동을 강요하신
당신을 틀렸다고 말하지는 않겠습니다.

허망한 아집을 내놓을 테니
인자한 척 가면을 쓰고
원하지도 않는 것을 주시며
나를 감시하지 마십시오.

당신을 사랑하지 않지만
그렇다고 저주하지도 않습니다.
이대로 내 삶을 내게 맡기시고
제발 내게서 떠나 주십시오.

和解 5

— 딸

내가 착각했다
살아야 할 세상이 서로 다르고
더불어 살 사람도 다른데
내 방식대로 살기를 종용했다

다름과 틀림을 구별하지 못했다
너희들은 나와 다를 뿐,
너희들의 행동이 틀린 것이 아닌데
언제나 틀렸다고 윽질렀구나.

가치보다 효율을 숭상하는
낡은 사고의 틀에 갇혀
억지가 있었음을 인정한다.
자만한 솔로몬의 지혜가
그 백성에게는 오히려 독이었고
그토록 완벽한 솔로몬 치세에서
이스라엘의 붕괴가 배태되있음을 일면서도
나는 더 나쁜 오류를 범하며 살았구나.

나를 용서해다오
이제야 말하지만
너희들이 아빠보다 우수했다

4부

겨울,
그리고 봄을 기다리며

고향 1

각시봉에 아침 해 고개 들면
마을 어귀 업처럼 서 있는
느티나무에서 까치가 운다.

오늘은 아들 소식 오려나.
로봇 도입을 걱정하며 떠난 아들
행여 직장을 잃지 않았을까

풍요의 그림자에 묻혀
싸전 앞에 눈먼 닭처럼
풍요로워 더 허기지는 삶

인간이 빠진 성장
평등이 배제된 분배라면
아이들이 꿈이나 키울 수 있을까

江 2

넌 죽었어.
내가 살리기 위해
너는 죽어야 해
죽은 척이라도 해야 돼

가르고, 자르고
조약돌을 맑은 물에 헹구어
잔잔하게 바닥에 깔면
아름답게 다시 태어나는 거야

여울져 흐르면 싫어
굽은 허리를 곧게 펴고
움푹움푹 패인 곳을 메우고
물 흐름을 방해하는 둔치
갈대밭을 말끔하게 갈아엎을 거야

별을 보며
달빛 벗 삼아
오순도순 흐르다가
하나 둘 지천이 모여 넓어지면

보를 만들고 배를 띄울 거야.

퇴적물이 쌓여
강물의 산소를 빼앗고
피라미 혀 빼물고 죽는다 해도
그딴 것은 걱정할 일이 아냐
관광객이 몰려오면 사는 거야
달빛 휘영청 밝은 날에
배를 타고 산에 오를 수도 있어
기필코 내 방식대로 너를 살릴 거야

江 3

이즈막에 왜들 그래?
왜 멀쩡한 내 몸을 들쑤셔?
내 품에서 나고 죽은 것이
어디 한 둘이야?
국가의 흥망성쇠도
인간의 희로애락도
나와 더불어 이루어졌어.
산 어름 내 발치에선
기묘한 생명 앞 다투어 나고
화려한 꽃들 계절마다 피어
하늘은 나만 보면 늘 웃어.

나를 살린다고?
나 죽은 일 없어.
엉덩이에 난 종기
몇몇 사악한 인간 등살에
한두 개 곪은 곳이 있지만
물길 돌리고
억지로 보 만들어
내 발길 막지만 않으면

눈 비 맞고 바람 불면
깨끗한 새 살이 돋을 텐데
도대체 왜 나를 못 살게 구는 거야?
제발 나 좀 가만 내버려 둘 수 없어?

돌림병

돌림병이 돈다
돌림병이 돈다.
한반도 남쪽 작은 땅덩어리
1 특별시 5 광역시 9 도 구석구석에
무서운 속도로 돌림병이 돌고 있다.

감염율 100%
이병율 100%
환자와 눈빛만 마주쳐도
방송의 전파를 타고도 전염된다.

증식속도가 빠르고
자기변이로 쉽게 변종을 만들어
백신개발은 엄두도 낼 수 없다.
잠복기도 없이 발병하는데 치료약이 없다
그나마 치사율이 낮은 것이 천만다행이다.

처음엔 감기 비슷한 미열에 시달린다.
시름시름 앓다가 점점 시력을 잃고
자신 외에는 아무 것도 보지 못한다.

병이 더 깊어지면 귀도 들리지 않는다.
귀가 먹으면 혀도 함께 굳고
결국 피가 썩는 게으름과 환락에 빠진다.

시간이 흐를수록
세포수가 급격히 줄어든다.
하루 만에 반으로 줄고
반의반이 되고,
또 반의반의 반이 되다가
마침내는 단세포가 되어
자극을 받으면 폭발적으로 반응한다.

금식기도

하늘에서는
아무런 감응이 없다
배고픔을 잊기 위해 마신 물이
속을 뒤집어 욕지기가 자꾸 나온다.

약속한 시간의 반을 채우기에도
아직 한식경이나 남았는데
눈에 보이는 건 모두 밥이다

금식의 고통이 이럴 진데
없어 먹지 못하는 사람들의 아픔은
이보다 얼마나 더 클까
도대체 그 슬픔은
얼마나 큰 원한을 만들어 낼까

아하, 그렇구나.
밥은 나눠야 하는구나
혼자만 잘 먹는 것은
결국 죄악일 수밖에 없구나.
밥이 하늘이구나.

바그다드의 폐허

나는 보았다
통킹 만 사건 그 후를
바그다드의 폐허를

내 아들의 아들의 나라
아름다운 이 강산에
또 다시 피를 뿌릴 수는 없다.

나는 안다
그들의 속내를
그들의 파렴치한 셈법을

북녘의 굶주림

곰이라 발바닥을 핥으랴
도대체 무엇을 하였기에
반백년 겨우 지났는데
백성을 굶주림으로 내모는가.

깊은 밤 두만강을 건너
농노로 혹은 후처로, 작부로
팔려가는 나이 어린 내 누이여
이 참담함을 어찌 해야 하느냐

북녘은 굶주림에 죽어 가는데,
남쪽은 너무 많이 먹는다.
온 국민이 비만으로 신음한다.
아아, 이 민족이 어디로 가고 있나

얼음보다 차가운 이념이여
추잡한 모리배들의 정치여
모르는가, 홍익인간의 의미를
고루 잘 사는 것이 최선이 아닌가.

불놀이

불을 지르자
가슴에 불을 놓자
가시적 욕망으로 더럽혀진
허접스런 꿈을 태워 없애자

교회당으로 불이 번졌다
화려한 고찰도 타고 있다
부처님이 박장대소한다.
예수님이 깔깔거린다.

로고스만 깃발처럼 나부끼고
사람이 보이지 않는다.
사랑이 보이지 않는다.

기름을 붓자.
탄다.
훨훨 잘도 탄다.
모두 다 타고 나면
가슴에다 예쁘게 짓자

利敵行爲

창고에는 묵은 쌀이 넘치고
올해도 대풍이라
농민의 시름 하늘보다 높다

북한 주민 굶주림에 지쳐
두만강 건너 중국으로
어린 동생 밥 먹이려
꽃 같은 처녀를 판다

때리는 시어미 보다
말리는 시누이가 더 밉다고
극우언론 북송반대 기가 질린다.
북송된 쌀 주민에게 주지 않고
군부로 흘러간다는 증거 있느냐
군량미로 쓰이면 이적행위이더냐

몰라도 이렇게 모를 수 있나
남한 쌀로 연명한 군인
공산당을 잘도 섬기겠다.
군의 사기 끝 모르게 추락하고

남한 풍요 동경하는 마음 들불처럼 번지면
우리는 싸우지 않고도 이길 수 있다

싸우지 않고 이기는 것은 上策이요
싸워 이기는 것은 下策의 하책이다
쌀도 주고 농약도 비료도 주고
총칼만 빼고 모두 실어 보내자
남한 농약 남한 비료로 농사 지어
세세연년 풍년 들어 굶주림 면하게 되면
아름다운 국토 허리 자른 저 휴전선
베를린 장벽 되지 말란 법 있느냐

크게 보고 멀리 보자
북한 국경마을 장마당 꽃제비들
배불리 먹여 헌헌장부 되면
반만년 우리 조상의 터전
고구려 땅 되찾지 못할 것 어디 있느냐
미국 압력에 굴복하여
비싼 값에 한물간 전투기 도입하고
패권국가 이간질에 놀아나

내 민족 살육 꿈꾸는 것이
이적행위 아니고 무엇이냐
세상 것 모두 소멸한다 해도
한 핏줄, 반만년을 이어 온 한겨레
이 땅에 억겁을 두고 남을 진데
뉘라서 골육상쟁을 부추기느냐

이 강산에 다시는 피를 뿌릴 수 없다
더 가진 우리가 먼저 언 마음을 풀자
북한주민의 가슴에 원한 생기기 전에
조건 없이 곡간을 열어 굶주림 면하게 하자
통일의 그날, 얼싸안고 춤출 그 날을 위하여

忍終日記

언제였던가.
사랑한다는 말을 한 지가

언제였던가.
사랑한다는 말을 들은 지가

원망하고
저주하고
머리로 느끼고
머리로 행동하고

언제였던가.
우리가 서로 사랑한 지가

언제였던가.
우리가 사람처럼 산 지가

摘花

배꽃을 딴다
뽀오얀 볼에 보송보송한 솜털
비릿한 젖내도 가시지 않은
어린 것 골라 목을 비튼다.

생떼 같은 자식
인간의 허욕에 빼앗기고
늙은 배나무
자근자근 남은 자식 다독인다.

크면 큰 대로
작으면 작은 대로
저마다 그 만큼의 꿈을 꾸며
그릇의 크기대로 살면 되는 것을
경제논리가 자연의 섭리를 삼킨다.

쫓겨 가다가 정치 보라
도시에서 밀려 농촌으로 내려온 사람
일당 삼 만원에 죄 없는 생명을 빼앗는다.
자기 손에 피 한 방울 묻히지 않고

우리끼리 죽고 죽이게 엮어 놓은
조물주의 심술을 잘도 떠받들고 있다

저 낮은 곳을 향하여

지엄한 하늘 보좌 버리고
예수 갈릴리에 오시듯
허튼 욕심 내려놓고
낮은 곳으로 흐르게 하소서

어둡고 음습한 곳에 터 잡아
온갖 허드렛일로 허기 채우는
탈출구가 보이지 않는 달동네
그 곳에 가게 하소서

능력은 작으나 의욕이 커서
술주정뱅이 마약중독자 노숙자
스스로 사회에서 추방된 사람들
그들과 함께 생명을 나누게 하소서

누군들 당신의 자녀가 아닙니까.
가난이 죄고 못 배운 게 죄지
꿈 잃고 하늘마저 빼앗긴 사람들
그들을 도와 평화를 이루게 하소서

평화를 위하여

이제는 가야지
형극의 길이라 해도
더 이상은 미룰 수 없지

나의 안락을 위하여
법으로 포장된 폭력이 무서워
지레 포기하는 것은 사람답지 못하지

평화가 없는 세상이 지옥인 것을
평화를 위해 싸우는 사람들,
그들과 함께 싸워야지

아름다운 조국
이 땅에 천국을 이루기 위해
내 전부를 걸어야지
이제는 가야지.

하늘에 없는 천사

하늘에 있어야 할 천사
땅에서 보았다

흙에서 얻은 것
흙에 돌려주고
물에서 나온 것
물로 돌려주는,

타 생명을 취하는 것인 만큼
적게 쓰고 적게 먹는

나무 한 그루
개미 한 마리까지도
내 목숨처럼 중히 여기는 사람

하늘을 보지 않고 사는 사람들
민초의 삶, 그 아름다운 곳에
천사가 있었다.

하늘의 속셈

— 김대중 전대통령 서거를 애도하며

노여워 마시게나.
그 속을 뉘 알고
그 심술 탓해 뭐 하나
좋은 놈도 죽이고
나쁜 놈도 죽이고
하늘이사 늘 제 멋대로 인데

분 삯이소
데려갈 놈 없어
그분 데려 가셨겠나.
이 민족, 반만년 역사
고비 고비마다
아까운 사람 다 잡아가고
매국노
파렴치범
재물 벼락에
자손 복까지 덤으로 주니
하늘 뜻을 알면 뭐 하겠나

이 땅에는 미래가 없네.
우리 역사에 하늘이 어디 있나?

계백장군

내 이름을 아시는가?
그럼 마사다의 장수는 기억하시나?
내 나라의 역사는 모르쇠 하며
이스라엘의 전쟁사는 잘 아시네그려.
정병 오천으로 십오만 나당연합군과 싸운
황산벌전투가 어찌 그만 못한가?

그것은 신라의 통일전쟁이 아닐세.
오랑캐의 침략전쟁일 뿐이야
고구려 백제가 패망한 후
신라는 한 뼘도 영토를 넓히지 못했잖나.
고구려 백제 땅 모두 당에 주고
백제의 부마국 일본의 기만 살려 놓았어.
제 형제 죽이고 결국 적에게 포위된 셈이지
일본이 임진왜란을 일으키고
독도를 제 땅이라고 우기는 작태 보시게나.
신라가 오랑캐를 도와 백제를 멸망시키지 않았다면
아니, 거꾸로 백제가 통일을 이루었다면
정치 문화적으로 보아 백제의 제후국인 일본이
지금처럼 역사를 날조하고

상국이며 모국인 한반도를 어찌 넘보겠나?
황국사관의 뿌리가 이것일세.
백제를 부정하고 통일신라를 강조한 것은
백제에 대한 패배의식의 발로였다네

똑바로 보시게
역사는 반복하는 것일세.
민족을 등한시하면 큰 화를 입네.
오랑캐 끌어들여 동족을 살육한 장수,
김유신은 통일 장군으로 상찬되고
죽음으로 민족을 끌어안은 나는
황산벌에 필부처럼 묻혀
찾는 사람조차 드무니 왜 분하지 않겠나.
무엇보다 민족이 우선이어야 하네.
민족의 분열세력이 있다면
그들이 섬멸해야 할 가장 큰 적이네

계백장군이 안중근장군을 만나다

안중근장군의 순국 100주년
나 죽어 천년이 넘게 흘러갔는데
매판세력 여전히 살기등등하고
아직도 민족분열세력의 발호가 극심하오.

1909년 10월 26일
하얼빈 하늘에 울린 일곱 발의 총성
내 천년 체증이 싹 가시는 쾌거였소
패배의식에 젖어 대항의지 희미해질 무렵
우리 국민과 잠든 중국을 흔들어 깨웠소.

안중근 장군
안 장군은 적장을 사살한 것이오.
대한의군 참모중장이
침략의 원흉 적장 이등박문을 죽인 것이요
저들은 국제법을 어기고 전쟁포로를 사형한 것이요

안중근 장군
나 속절없이 나당 연합군에 죽어
국가와 민족 앞에 큰 죄를 지었는데

안 장군이 내 천년의 한을 풀어주었소
을사오적 앞세워 이등이 국권을 유린한 것이나
소정방을 이용하여 신라가 백제를 도모한 것은
우리 민족에게는 모두 똑같은 죄일 수밖에 없소.

"사형언도를 받으면 항소하지마라
 네가 벌한 이들에게 용서를 구할 수는 없다"

是母是子라 했던가요.
자당의 말씀은 너무 당당해 모골이 송연하오
어느 어머니가 아들의 죽음 앞에서
그토록 담대할 수 있겠소
반만년 역사에 가장 위대한 어머니 아니시오.

안중근 장군
아들 문제로 너무 가슴 아파 마시오.
나도 회유와 변절을 염려하여
내 손으로 처자식 먼저 벤 것이지만
세상이 온통 친일로 미쳐 돌아가는데
그 어린 것이 어찌 혼자 감내했길 바라오.

오히려 지금의 나라꼴이 더 문제요.
왜색만화 범람으로 청소년의식 마비되고
추잡한 왜색 성문화 창궐을 좀 보시오
왜놈자본, 왜놈기술의 전횡은 또 어떻고요
이러고도 해방이 되었다고 말할 수 있겠소.

안중근 장군
우리가 또 한 번 몸을 던져야 하겠소.
異민족의 힘 빌어 정권 유지하려는 자
외래문화로 고유문화 말살하려는 자
식민사관으로 역사 왜곡하려는 자
이등박문을 쏘듯
나당 연합군의 목을 베듯
우리 힘을 합해 모두 쓸어버리시지요.
더 이상은 못 참겠소.
죽어가는 우리 민족을 구하시지요,

庚戌國恥 100年

비분강개해 순절한 열사 몇 분이고
삼천리 방방곡곡 항거 없던 곳 어디인가
한일병합 이제 겨우 100주년인데
그 치욕 국민의 뇌리에서 사라져간다.

천박한 역사의식은
결국 천박한 역사를 짓는 것인데
식민지근대화론이 무슨 소리냐
과거청산 없이 어찌 미래가 밝다더냐.

스포츠에서 이기고
도요타자동차와 JAL의 몰락에
마치 극일을 이룬 것처럼 들떠있구나
천문학적 대일무역역조를 잊고 있구나.

일본을 경계하지 않으면 또 빼앗긴다.
개인은 친절하지만 집단은 야수와 같다
일본은 국내정치에 문제가 발생할 때마다
침략전쟁으로 해결한 전력이 있지 않는가.

낙화암

하나
둘
셋
넷
……
이천 구백 구십구
삼천

도무지 막을 수가 없다.
우르르 밀물처럼 몰려와서
사나흘 장맛비로 턱밑까지 차오른
선지피 같은 황톳물에 몸을 던진다.

벌떡 일어나 팔을 벌려 막아서지만
꽃다운 계집아이 손잡은 아주머니
머리 희끗희끗한 안방마님까지
막무가내로 뿌리치고
벚꽃이 지듯 하얗게 강물에 진다

짐승 같은 소정방의 군사들

쉰밥에 쉬파리 엉기듯 달라붙어
허겁지겁 여인네 겁간하고
힘깨나 쓰는 남정네들 굴비 엮듯 엮어
짐짝처럼 배에 싣는구나.

아~! 백제여!
수백 년 대륙 남부를 호령하던 백제여
저 죽음의 행렬을 어찌 해야 하느냐
위대한 제국 조선의 후예, 대 백제여!
빼앗긴 것은 다시 찾으면 되느니
부디 살아남아 후일을 도모하자.

동북공정의 뿌리를 흔들다

너는 내가 누구라고 생각하느냐
역사를 묻는 것이 아니라
바로 네 생각을 묻는다.

어떤 사람은 신선이라고 하고
어떤 이는 신화라고도 하던데
네가 사는 것이 허구가 아니듯
나도 엄연히 이 땅을 밟고 서서
네 할아버지의 할아버지를 낳았고
그 끝에 네가 있다.

살을 에는 추위를 피해
따뜻한 곳을 찾아 남녘으로
노노아호산을 넘어
능하지역에 뿌리 내릴 때
넓고 기름진 땅에 감격해
우리는 그 땅을 평양이라고 불렀다

평양에는 영산처럼 태백산이 솟아
그 정수리에 제단을 쌓고

내 아버지 천제께 매년 제를 올렸다
이웃한 웅족과 결혼동맹으로
평화의 기틀을 마련하고
우리 혈족 이렇게 번성하게 되었다

황화에서 부족을 일으킨
華河族의 세력이 날로 강성해져
밀고 밀리는 전쟁 수백 번 치르다가
지리적으로 요새인 요동으로 옮겨
우리는 다시 천년을 누렸다

너도 배워 알다시피
와해는 내부에서 시작되는 법
내 아들이 세운 조선 천년이 흐른 뒤
여러 갈래로 찢겨 시나브로 사라지다가
다행히 주몽이라는 걸출한 후손이 나와
준동하는 화하족의 수족 잡아 꺾고
고구려라는 강성한 제국을 세우니
다시 천년 동안 한족과 더불어
아시아를 양분하여 다스렸다

사랑하는 내 손자야
혹여 華夷觀이 있다면 버려라
華夷一也니라
화하족은 우리와는 뿌리가 다르다
말이 다르고 문화도 다르다
반만년을 두 세력의 팽팽한 경쟁 속에
아시아는 힘의 균형을 이루었다
거란 여진 중원을 점령하고도
한족에 동화되어 사라지고 우리만 남았다만
우리는 자랑스러운 천손이니라

신라가 민족을 배반하여
오랑캐의 힘으로 형제를 베고
지금은 반도 끝으로 내몰린 처지다만
그 오욕의 세월도 천년 밖에 더 되느냐
매판세력 이용하여 내 강토 무참히 유린하고
네 아비 어미 노예로 부린 일본통치 삼십 육년
그들이 작당해서 내준 만주를 절대로 잊지 마라.
오천년을 우리가 지배하던 땅이니라.

하루 빨리 통일을 이루고
그 찬란한 단군 조선의 영광을
부여, 고구려, 발해 옛 강역을 수복하여
내 아버지 환인천제께서 이루려 하신
영원한 평화 이 땅에 이루어야 하지 않겠느냐
홍익인간, 세계 어느 나라가 개국이념에
이렇게 숭고한 가치를 담은 역사 보았느냐
지금 비록 열강에 눌려 주접 든 모습이다만
통일을 이루고 단합만 하면
모든 민족이 너희 발아래 머리를 조아리리라
너희는 내 사랑스런 후손, 천손이니라.

막불겅이

막불겅이 신문지에 둘둘 말아
가슴에 불을 놓듯 붙여 물고
울화로 허둥대는 가슴을 훑어
전리품처럼 허공에 던진다.

밤새 가슴을 쥐어뜯는 기침
사나흘 밤잠을 훔친 검붉은 가래를
우리네 운명 같은 그믐달에 뱉고
늘 그렇게 하늘을 향해 눈을 흘긴다.

일본이 패망한 지도 수십 년
한 하늘 아래 밀고자와 함께 사는 것이
서러워 깊은 잠 한번 편히 들지 못했다.
동짓달 살을 에는 추위에 맨발로 끌려가
몽둥이찜질에 꼬치 꿰듯 손발 묶여
대들보에 매달려 보낸 밤
막불겅이 연거푸 피워
시름시름 고문 기억 떨쳐내고
정신이 혼미해지면 쓰러져 잠이 든다.

나라 잃은 민초들의 뒤틀린 삶
남의 힘을 빌려 이룬 억지 독립은
그 만큼 서러운 사슬이 되고
친미파로 둔갑한 친일파의 횡포에
죽어서도 서러워 이 땅 떠나지 못하리라.

말뚝

백두대간 줄기줄기
명혈名穴마다 쇠말뚝 박아
산은 산대로
사람은 사람대로 주접 들어
모이면 싸우고
돌아서면 가슴을 친다.

걸출한 장군 못 나오고
일본을 이길 왕후장상 나올 수 없게
기막힌 혈 자리 불로 지지고
혹여 기氣 남아 있을 세라
까맣게 탄 땅 파 엎어 소금 뿌렸다

여기餘氣 숨어들어
작은 산에 혈 맺힌다 해도
요소요소에 박은 말뚝
우리네 가슴 속에도 박혀
우린 안 돼 조선은 안 돼
패배주의 짙게 드리운 삶

"용서하자.
근대화 앞당긴 공도 있지 않느냐.
친일 항일 따져 국론분열 되면
북한괴뢰 오판하여 다시 남침한다."

이 무슨 허망한 망발이냐.
일본에 빌붙어 호의호식하던 사람들
매국근성 못 버리고
곳곳에 노예근성 그리는 말뚝 박는다
일본이 박은 것보다 더 잔악한 말뚝
우리들의 가슴에 꽝꽝 박는다.

다시 식민지는 안 된다.
민족 영원히 사라지기 전에
저 사악한 말뚝을 빼자
우리 땅 우리 가슴에 박힌 말뚝
일본 망령 모두 뽑아 불을 지르자.

民族

어쩌다 민족이 기피 단어가 되었느냐
민족에 이념의 허울을 씌운 자가 누구이고
민족의 이름에 국가라는 굴레를 씌워
개처럼 끌고 다니는 자 누구냐
민족이 정치체제에 좌우되고
민족이 이념집단에 놀림감이 되다니

적의 친구는 적이어야 하고
적의 적은 반드시 친구인가
적의 적도 적이 되고
적의 친구도 친구가 될 수 있다

누가 무엇을 목적으로 훼방을 놓든
민족은 결국 하나이어야 한다.
수만 년 흘러 수많은 왕조 生滅했지만
민족은 변함없이 거기 그 자리에 있다.

중원에서 웅기한 민족이건
작은 섬나라 오지의 부족이건
자연에 동화 되고 길들여지는 동안

이웃 부족과 연합하고 혹은 갈라지고
오랜 기간 동안 생존을 건 긴 싸움에서
한 개념으로 굳어진 민족이라는 혼은
그리 쉽게 소멸되지 않으리라.

국가도 이념도
민족 앞에는 한낱 티끌에 불과한 것
설사 천재지변이 일어나
삶의 터전이 송두리째 폐허가 되고
구성원의 태반이 죽는다고 해도
민족이 사라지는 일은 없을 진데.
하물며 누가 민족이란 말을 경원하랴

全群街道

내 아버지 오라에 묶여
대한독립만세! 만세!
시뻘건 피 토하며
호곡하며 끌려가시던 길

옥구 만경 들 가로질러
우리네 조선 사람의 한을 깔고
소달구지 가득가득
목숨 같은 쌀을 약탈해 가던 길

인산인해 꽃구경 인파 헤치며 간다.
식민지배, 그 한 많은 세월을 까맣게 잊고
흐드러진 벚꽃 아래 술판이 낭자하다
내 아버지 평생 모아도 못 살 자동차들
아재비 한 달 세경 보다 비싼 기름 태우며
아스라한 약탈가도 무리지어 달린다.
克日을 이룬 것도 아닌데
배곯아 지레 죽은 아재의 넋
아직 이 땅 떠나지도 못했는데

내 아버지의 한이 맺힌 길
보리 고개 허기져 하늘을 고누던 길
이 길의 통한 기억하는 사람 어디 없나
세계 11위 무역대국 꽃놀이에
아픈 과거 들춰내 주접떨지 말라며
내 멱살을 움켜잡고 흔들던 벚꽃이 진다.

동포여 일어나라! 일어나라!
삼천리 첫 농민항쟁이 있었던 이 길에서
克日의 첫 걸음을 떼자
누가 이 장엄한 행진을 막으랴
누가 이 숭고한 뜻을 꺾으랴

첫 눈

몽고 초원을 떠돌던 바람
남녘 낙토 찾아 남하하던 길
한겨레의 이동경로를 더듬다가
북만주 매서운 추위에 찢기고
주섬주섬 옛 이야기 거두어 모아
아린 가슴에 맺힌 한을 다스리며
눈은 그렇게 잘게 부서졌다

太伯山 기슭 이르러
환웅, 단군 할아버지의 기를 모시고
요서 건너고 요동을 지날 때
고구려 발해 유민의 한 달랠 길 없어
눈은 더 깨지고 더 큰 한기寒氣 품었다

한恨이 너무 커 가만가만 내려
죽은 듯 대지에 누울 수는 없었다.
바람에 실려 날아오다 역사를 품고
그 오욕의 역사에서 비수를 꺼내
나태한 후손의 심장에 꽂기 위해
한 서린 간도 땅을 휘돌아 왔다

작아지지 말자
대륙을 극복하지 못하고
우리 어찌 살아남을 수 있으랴
반만년 다스린 내 조상의 터전
그 고토에서 날아 온 눈을
어찌 야윈 정으로 맞을 수 있으랴
실지회복 그 벅찬 날을 그리며
차가운 머리로 받아
뜨거운 가슴에 담아둘 수는 없느냐

탁란托卵

낭자한 뻐꾸기의 울음으로
늦은 봄 나른한 사랑 키우고
뻐꾸기의 낭랑한 노래만 상찬할 뿐
뱁새의 한은 아무도 모른다.

도둑의 피
살육의 피를 이어받고 태어나
사랑을 배우기도 전에
미움 먼저 익히고
하루 먼저 부화한 뻐꾸기 새끼
뱁새의 알을 둥지에서 밀어내 떨어뜨린다.

손꼽아 태어날 날 그리며
잠시 외출 한 엄마 기다리고 있을 때
수십 길 허공으로 곤두박질하다가
바위에 부딪쳐 실오라기 생명 무참히 끊기고
뻐꾸기 새끼 제 세상이 된다.

뱁새를 보라
가진 자의 탐욕에 맞서

고난을 겪는 민초의 삶을 보라
제 몸집보다 더 큰 뻐꾸기 새끼 먹이려고
등골이 빠지도록 일하는 뱁새는 민초다

아름답다는 것은
진실이 숨겨진 것일 뿐이다
뻐꾸기의 노래처럼
날카로운 발톱을 숨긴 언론
아름다움을 탐하는 것은
결국 거짓을 탐하는 것이다

파리

쉰밥으로 포식하고
청승맞게 창틀에 앉아
두 손을 비벼대는 저 파리는
이등박문의 주구가 되어
왜왕 앞에 반만년 사직을 바친
매국노의 환생인가.

시큼한 먹을거리
비릿한 생것에
떼 지어 날아와
핥고
게우고
알을 퍼질러 낳는다.

민족의 자주성을 짓밟고
오천 년 역사를 훼손하는
극악무도한 매판세력
파리처럼 자손 늘려
둘러보면 인의장막 숨이 막힌다.

아아,
환인천제의 자손
웅대한 조선족의 미래가
파렴치한 모리배의 손에 놓였다.

흡혈귀처럼 환부를 빨고 있는 파리
기회주의적인 저 친일파 후예
모두 완벽하게 제거할 수는 없는가.

삼일절, 여명 그리고 아버지

자근자근 내리는 비를 뚫고
마을이 차츰 모습을 드러낸다.

까만 산에
점점이 매달려 있는 오두막
굴뚝마다 연기 솟아올라
물감이 번지듯 하늘로 펴져나간다.

저렇게 여명이 마을을 드러내듯
우리의 역사도 밝아질 수 있을까

김구 주석이 테러리스트가 되고
731부대가 독립군부대냐는 사람의 세상
아아, 아버지, 아버지……

5부

사랑이라고 쓴 슬픔

서시

禪하는 자세로
기도하는 가슴으로 살리라
神을 경외하며
義로 주리고
眞理로 괴로우리라
내 언어의 주류이던
不를
찬란하게 승화시켜
天世의 아름다움으로 삼으리라
무엇이든 주어지는 것마다
뜨겁게 다루나 달뜨지 않고
정에 겨워 성마르지 않으리라
이제 滔滔한 역사의 흐름에
내 고난의 꽃피고
내 웃음은 억겁을 두고 남으리라

황소

키보다 더 큰 등짐을 지고
독사와 싸우며 늪지대를 걸었다
온몸을 쥐어짜는 오르막길
승냥이 떼 앞을 가로막는
험준한 재를 넘었다

소나기 한 줄 내리지 않는 마른장마
심장이 타들어가는 갈증으로
눈 뒤집혀 허방에 빠졌다.
독수리 따라오며 머릴 쪼아도
뚜벅뚜벅 걸었다

오욕의 땅,
수상한 세월에 태어나
악귀에 고삐 잡혀
이리저리 끄는 대로 걸었다
활처럼 허리 휘는 등짐
모두 내려놓는 날
의복 같은 몸 벗어버리면
너울너울 한바탕 춤을 추리라

내가 사랑한 것은

내가 사랑한 것은
당신의 아름다움이 아닙니다.
손짓하듯 내보이던
그늘진 미소도 아닙니다.

달빛 스산하게 내려
여울조차 숨죽인 산사에서
끝내 흐느낌이 된 당신의 노래는
아직도 나를 아프게 합니다.

우리의 이별은
끝이 아니라 시작이었습니다.
당신의 사랑을 받지 못해도
항상 이렇게 당신을 사랑합니다.
당신을 다시 보지 못하고
이대로 억겁의 세월이 흐른다 해도
내 영혼은 당신 것입니다.

내가 사랑한 것은
당신을 향한 아픔 같은 그리움입니다.

桃花

사람이 그리워
桃園에 촛불처럼 앉아
스러지는 도시를 굽어본다.

노을이 떠나는 자리마다
주뼛주뼛 어둠이 자라고
악귀 같은 어둠을 헤집고
점점이 고개를 드미는 가로등
도시가 흉물스럽게 꿈틀거린다.

엊그제 매서운 꽃샘추위로
시설스런 비바람의 기세에 눌려
서둘러 삶을 마감한 도화의 혼백이
나를 끌고 혼미한 과거 속을 헤맨다.

낯간지러운 요설로 스미듯 다가서는
움켜쥘수록 그 만큼 더 공허해지는
사랑, 그 모순을 알면서부터
나는 주접 들기 시작했다

桃園에 들어서면
무작정 그녀의 사람이 된다.

사랑이라고 쓴 슬픔

이승, 그 달콤한 유혹을 두고
잠시 소풍 나왔다가 돌아가듯
훌쩍 하늘로 날아간 사람

그녀의 이십년 삶에서
우리 함께 한 이년
풋풋한 설렘과
향긋한 이야기가 사는
솜사탕 같은 시간이었죠.

그 이년을 뺀
내 삶 오십 팔년
농무에 발이 묶인
조각배처럼 흔들리는
하늘이 버린 시간이었죠.

아아,
지친 이생 정리하고
저승으로 돌아갈 때
무엇을 들고 가야 하나요?

그곳에 가면
그녀를 만날 수 있을까요?

첫 입맞춤

얼음 보다 차가운 네 입술에
불같은 내 입술을 얹는다.
꿈에서도 바라던 첫 입맞춤이
마지막 사랑고백이 될 줄을
어떻게 상상이나 하였겠느냐

사랑한다 말해다오
사랑하는 것이
어찌 죽음을 이기지 못하랴
나 비록 너를 땅속에 두고
회한에 몸부림치며
눈물로 산을 내려갈지라도
차마 어떻게 너만을 보내겠느냐

네 음성이 내게 있고
하늘을 나는 네 넋이 있는데
네 넋과 내 넋이 만나는 해후마다
눈물잔치가 될지언정
우리의 만남은 끝이 없으리라

사랑했다.
사랑한다.

해변에서

허황한 바람 앞에 서서
실없이 빈 하늘을 본다.

한 움큼 갯내를 안겨 주고
황망히 떠나는 바람이
바다 가득히 어지럽다

사랑하면
끝은 모두 아픔인 것을
이렇듯 가슴만 쓰라린 것을

각혈하듯 석양이 뱉어낸
핏빛 노을이 사위자
바다는 어둠에 갇히고
파도만 홀로 흐느낀다.

길

서둘러 봄을 걸친
빌딩숲 사이 좁은 길을
오늘도 헤죽헤죽 걷는다.

누구를 위해
무엇을 얻으려고
길동무도 없이 걷고 있는가.

아지랑이도 살 수 없는
병골의 땅
미처 달아나지 못한 어둠이
그늘마다 웅성거리고
잠이 덜 깬 도시는
공동묘지처럼 괴괴하다.

베란다 창틀에 매달린
난쟁이화분의 주접 든 풀꽃이
오히려 새실새실 웃는다.

나이 값

공자는
오십에 知天命 하고
육십을 耳順이라 했거늘
아무리 앞가림 서툰 범부라지만
나이 먹을수록
귀 더욱 날이 서고
하늘의 뜻은
도무지 헤아릴 길이 없구나.

나이 먹어
눈 귀 어두워지는 것
조물주의 오묘한 배려인데
세상 결점 더 보이고
떠도는 소문 한 마디에
심사가 사정없이 뒤틀리니
세상, 살아도 헛살았구나.

이제는
나이 값 좀 하자
힐난에 노여워 말고

칭찬에 춤추지 말자
하늘 뜻은 모를지라도
귀라도 부드럽게 만들자

墓碑銘

나 죽어
흙에 묻힐 때
뉘 와서 울고
행여 묘비는 세울까

삶이 보잘 것 없었는데
뭐 하나 이룬 공적도 없는데
묘비명은 누가, 뭐라 쓸까

시대가 버린,
불꽃처럼 산 우리의 친구
無恤 이 완순 여기 잠들다

이렇게 새기어 남기면
세우는 자 있을까
새물새물 웃는 놈 있어
혹여 기생집 행랑채
댓돌이나 되지 않을까

미친 춤

나, 지금 뭐 하고 있나
狂人인가
광대인가

겨울에 길목
추위처럼 파고드는 그리움
그 초라한 떨림마저 눈 감고
무엇을 얻으려는 몸짓인가

눈이 내린들
꽃이 핀들
아름다운 여인의 추파도
받아들일 여유가 없다

날이 밝기 무섭게
삶의 소용돌이에 휘말려
밤늦도록 허우적거리다가
막걸리 한 사발에 넋을 놓는다.

아 아,
나는 어디로 가고 있나.

보름보기

태어날 때부터
외눈이었던 것은 아니다
두 눈을 모두 가지고 살기에는
세상이 그리 녹록치 않았다.

환락 같은 네온이 춤추고
사술을 위해 사치하는 도시
정치구호 같은 현란한 언어
화려한 웃음 뒤에는
늘 섬뜩한 뱀이 똬리 틀고 있다.

한 사물에 두 가지 像
혹은 셋
넷
갈마보는 것도 아닌데,
서로 다른 곳을 향해 둘러앉아
볼썽사납게 나동그라지고
휘몰아치는 역풍에 우듬지도 섞였나

차라리 눈 하나를 빼내어
하늘에 걸어 놓았다.

그리움 1

꿈속의 꿈에서 조차
당신은 나를 외면하는구려.
아무리 애타게 불러도
차가운 눈길 한 번 주지 않는구려.

당신은 언제나 약속하지만
당신에 대한 사랑을 나는 접지 못합니다.

내가 당신을 포기하지 못하는 것은
당신도 나를 사랑하리라 믿기 때문입니다.

언젠가는 들어갈 수 있도록
마음의 창을 조금만 열어 놓으십시오.
꿈속의 꿈에서라도
당신의 사랑을 얻고 싶습니다.

그리움 2

하늘 언저리를 배회하던 바람
구름을 몰듯 시간을 몰고 간다
눈동냥 귀동냥으로 얻은 소식
눈에 묻혀 흩뿌리고는
숲에서 고단한 삶을 접는다.

섣달 춥고 긴 하늘 길을 걸어
새벽녘에야 미루나무 가지에 걸린
그믐달이 무섭게 시리다
삽살개의 포효가 어둠을 흔들어
잠든 야차가 깰까 무섭다.

선심 쓰듯 그리움 한 조각 던져 놓고
휘휘, 휘파람 불며 강 건너 불구경하듯
야차는 뻔뻔하게 나의 아픔을 즐긴다.

그리움은 그렇게 숲이 되고
바람이 되어 나는 그 속에 산다.

■해설

풀꽃 세상, 그리고 민초들의 이야기

김 용 구
문학평론가, 강원대 교수

시는 영혼을 드러내는 형식이다. 모든 삼라만상과 온갖 체험은 시인의 영혼을 통해서 노래로 바뀐다. 따라서 시는 노래이자 시인이라고 볼 수 있다. 이완순의 시는 독창적이다. 여리고 자그마한 풀꽃 하나 하나가 시인의 영혼을 거치면서 살아있는 생명체로 바뀐다.

산등성이 외진 곳 숨어서 피는
샐비어보다 더 붉고 여린
며느리밥풀꽃을 보셨나요

죽어서도 한이 너무 많이 남아
삼키지 못한 쌀 두 낱 혀 위에 놓고
서럽게 흐느끼는 여인을 보셨나요

— 「며느리밥풀꽃」에서

며느리밥풀꽃은 여리고 여리다. 붉고 여려서 손으로 만지기에도 가련한 존재이다. 그리고 이 꽃은 우리 아낙네의 이미지와 맞닿아 있다. 전통 사회에서 여인네는 부인이자 며느리이고 그리고 어머니이다. 어느 한시 편할 때가 없다. 노동과 가사 그리고 시어머니의 구박과 남편의 홀대. 그러나 여리고 여리면서도 강한 존재가 우리나라의 전통적 여인네들이다. 며느리밥풀꽃은 화단에서 키우는 장미나 히야신스처럼 화려한 꽃이 아니다. 우리나라 평야지대의 야트막한 야산에 피어있는 이름 없는 꽃이다. 산행을 좋아하는 등산객조차 유심히 살피지 않으면 흘려보내는 야생화이다. 꽃이 가냘프고 여려서 그 이미지는 우리 전통적 여인네와 닮아있다. 이완순은 대부분의 사람들이 그냥 지나치고 마는 이러한 사물을 조응한다. 그리고 그 의미를 전통적 삶과 연관시킨다.

무심히 지나쳐버리는 자그마한 사물과의 조응. 이때 꽃들은 이야기를 담은 시로 바뀐다. 〈능소화〉는 임금의 사랑을 갈구하는 열여섯 살의 궁녀가 되고, 사랑을 받지 못하는 한(恨)스런 여인이 되어, 그 사랑은 이루어지지 못하여 지고지순한 순수로 남는다. 〈도꼬마리〉는 하천 변 모래자갈 둔치에 도깨비처럼 뿔난 씨앗을 품고 있다. 옷이라도 닿을라치면 그 가시가 달싹 붙어서 떼기도 힘든 성가신 존재이다. 이 성가시고 귀찮은 사물이 시인을 통하면 전혀 다른 모습으로 바뀐다. 젊은 시절 노동 운동과 해직 그리고 이어지는 가난. 그리고 그 가난은 돐 지난 아이 머리에 가득한 종기로 형상화된다. 도꼬마리 가시는 시인에게 구원의 약이 된다. 옛날 할머니의 지혜가 가져온 기적이다. 이처럼 이완순의 시에는 이야기가 녹아 있다. 그리고 그 이야기에는 시인의 개별적이고 일회성적인 감정 토로가 아닌 우리 민족의 이제는 잊혀져가는 정서가 깃들어 있다.

* * * * *

풀꽃이 현미경적 세계라면 산과 강은 망원경적 세계이다. 따라서 풀꽃에 대한 시인의 사랑은 산과 강으로 확대된다.

구름이 흘러들면
구름을 안고
바람이 오면
말없이 바람 품는다

— 「물안개」 에서

주지하다시피 산과 강은 우리 민족의 원초적 심상과 닿아 있다. 서양 미술이 주로 종교화와 인물화로 대표된다면 우리 미술은 산수화로 특징지어진다. '청산은 절로절로 녹수도 절로절로 산절로 수절로 산수간에 나도 절로 그 중에 절로 난 몸이 늙기도 절로절로 (송시열의 시조 중에서)'에서 알 수 있듯이 우리 민족은 자연과 동화된 삶을 가장 이상적이라고 보았다. 자연과 인간과의 구별이 없어지는 곳, 이 지점이 우리 모두가 동경하는 이상 세계일 것이다. 〈봄 나들이〉에 이르면 자연은 나이와 조화를 이루면서 한편으로는 어긋남으로 나타난다. 중년이 넘은 나이에 바라본 봄. 거기에는 바깥 세계의 현란함에 대한 도취와 청춘을 감당하지 못하는 사내의 절룩거림이 공존한다. 청춘 시절의 봄과 중년 이후의 봄은 같으면서도 다르다. 이완순의 시에서는 모든 생명이 탄생하는 봄의 세계에서 사라지는 것들에 대한 안타까움이 짙게 배어 있다.

한편, 나이를 초월하여 항상 그리움만이 남아 있는 세계가 있다. 그것은 이완순의 시에서 고향으로 형상화된다.

아름답지 않은 고향 어디 있고
그립지 않은 고향 어디 있으랴만
내 고향 九谷里에는
언제나 따뜻한 情이 굴러다닌다

— 「고향 2」 에서

이완순의 시에서 고향은 유년기나 장년기나 똑같은 이미지로 나타난다. 고향 마을에 살았던 사람들은 판사가 되고 술집 여인네가 되며 끊임없이 바뀌지만 고향 마을은 언제나 넉넉하다. 출세한 영감님이나 실패한 탕아 모두 고향은 이들을 반가이 맞아준다. 고향에는 타향에서 볼 수 없는 따뜻한 정이 숨쉬고 있기 때문이다. 세상은 끊임없이 변하고 사람들은 서로 시기하고 싸우고 배반하지만 그것은 다른 세상의 얘기일 뿐이다. 고향 사람들은 두레를 벌이고 춤을 추며 서로를 이해하고 안아주는 공동체의 일원이 된다. 이처럼 이완순의 시에는 큰 흐름이 있다. 동양적인 산과 물의 세계, 그 세계 안에 감싸여진 흥겨움과 사랑으로 넘쳐나는 고향이라는 공동체, 그리고 그 고향을 둘러싸고 있는 이야기를 담은 풀꽃의 세계. 이 감싼 세계와 감싸여진 세계 사이에서 시인의 시 세계가 춤추고 있다.

* * * * *

시란 뜻을 담는 그릇이다. 섣부른 사랑 이야기나 한가한 음풍농월이 시가 될 수는 없다. 따라서 시는 당대의 역사와 접맥된다. 이완순은 1950년대 6.25가 한반도를 짓밟던 와중에 태어났다. 그 당시를 겪었던 누구 하나 전쟁의 상흔에서 벗어날 수는 없었다. 그 역시 그러한 전쟁이라는 소용돌이의 한 복판에서 유년 시절의 정신적 상흔을 앓고 있다. 이완순은 독립유공자의 후손이다. 주지하다시피 해방 이후 우리나라는 혼돈 자체였다. 친일파 후손은 호의호식을 누리며 세상에 군림했으나, 독립유공자의 후손은 가난에 찌들고 심지어는 전과자가 되는 아이러니한 상황에 놓이게 된다. 이처럼 해방되고 독립은 이루어졌으나 역사는 일제의 지배 구조와 별로 달라지지 않았다. 세상은 당신들의 천국일 뿐이며 그와는 무관한 세계였다. 이완순 역시 지긋지긋한 가난 속에서 유년과 청년 시절을 보내야 했다.

처음부터 나는 당신의 짐이었습니다.
천연두, 그 몹쓸 병에 걸려
눈 잃고 온 몸에 욕창이 번졌을 때
페니실린 한 방울 구하지 못해
당신의 눈물과 쇠비름이 치료약의 전부였습니다
— 「화해 2」에서

어린 시절의 가난과 병마, 그리고 뒤 늦은 만학, 학창 시절 내내 학교 연구실에 놓여진 차가운 침상과 끼니 때우기. 이러한 고학 생활과 가난한 집안은 허기로 나타난다. 그리고 거기에는 아버지에 대한 원망과 아쉬움이 배여 있다.

당신이 그렇게 빨리 타계하신 뒤
내가 겪어야 했던 고난과
넝마와 같던 시간을 잊으렵니다
—「화해 1」에서

이 시에서 시인은 아버지를 용서한다. 아니 못난 자식이 아버지를 미워했음을 아버지로부터 용서받기를 원한다. 아버지에 대한 오이디푸스적 콤플렉스를 극복하는 데에는 많은 세월이 필요했던 것이다.

한편, 시란 개인의 원망이나 증오를 직설적으로 드러내는 형식이 아니다. 문학이란 정신적 외상을 승화시키는 일종의 카타르시스라 할 수 있다. 따라서 원망과 증오는 한(恨)으로 승화되며, 나아가 용서함과 용서받음이라는 상호 작용 속에서 독자로 하여금 보다 높은 차원의 아름다움을 향유하게 한다. 이완순의 시에서는 유년 시절의 아버지에 대한 원망과 서운함이 세월의 성숙에 따라 이해와 미안함으로 바뀐다. 불신과 원망이 용서와 존경으로 바뀌는 곳. 이것이 바로 시의 지향점이라 할 수 있다. 이때 아버지와 어머니는 가난과 병의 원인 제공자에서 용서와 사랑의 구원자로 바뀐다. 다시 말해 원망하는 마음은 감사하는 마음으로 치환된다. 시의 형식이란 바로 미움과 증오가 화해와 용서로 바뀌는 곳에 존재한다. 이완순의 시에서는 이러한 시적 승화가 두드러지게 나타나고 있다.

용서와 사랑, 이는 한 집안의 가족사에서 나아가 민족의 역사로 확대된다. 6.25 이후 전개된 혼란한 한국사. 우리 모두는 독재와 민주로 이루어지는 역사의 한 가운데에서 희생자이면서 수혜자라고 볼 수 있다. 이완순의 초기 시는 역사에 대해, 신에 대해 절망한다. 그것은 현실에 나타나는 사회의 구조적 모순에서 시인이 자유스럽지 못했음을 보여준다. 가족사에서 알 수 있듯 그의 가난은 유년 시절과 청년 시절에 독재에 대한 반항아로 키웠다. 대학 시절에의 민주화 운동, 직장에서의 노동 운동, 13번의 해직과 직장 이동, 이처럼 그의 삶은 순탄치 않다. 지배층을 중심으로 서술된 역사에 대한 불신, 좌와 우의 대립에서 나타나는 역사적 모순. 이완순은 이러한 역사적 모순의 근원을 고조선의 몰락과 외세에 의한 삼국 통일, 그리고 일제의 강점에 따른 한국의 고대사 및 중세사 왜곡에서 찾고 있다. 따라서 그는 역사적 진실을 찾기 위해 민초들의 삶과 우리 산하에 나타난 자연에서 진실됨과 아름다움을 찾고 이를 시를 통해 형상화하려고 한다. 동양적인 산과 물의 세계, 그 세계 안에 감싸여진 홍겨움과 사랑으로 넘쳐나는 고향이라는 공동체, 그리고 그 고향을 둘러싸고 있는 이야기를 담은 풀꽃의 세계, 이 감싼 세계와 감싸여진 세계 사이에서 이완순의 시가 춤추고 있다.

머느리밥풀꽃

이완순 시집

발 행 일 | 2011년 2월 15일

지 은 이 | 이완순
발 행 인 | 李憲錫
발 행 처 | 오늘의문학사
출판등록 | 제55호(1993년 6월 23일)

주 소 | 대전광역시 동구 삼성1동 125-6 한밭오피스텔 401호
전화번호 | (042)624-2980
팩 스 | (042)628-2983
홈페이지 | http://www.lito77.co.kr(홈페이지)
전자우편 | hs2980@hanmail.net

ISBN 978-89-5669-423-8
값 7,000원

* 잘못된 책은 바꾸어 드립니다.